# BOEKANALYSE

AF131343

# Bonjour
# Tristesse

· · · · · · · · · · · · · · ·

FRANÇOISE SAGAN

# BOEKANALYSE

Geschreven door Dominique Coutant-Defer
Vertaald door Nikki Claes

# Bonjour Tristesse

FRANÇOISE SAGAN

**FRANÇOISE SAGAN** **5**

Franse schrijver 5

***BONJOUR TRISTESSE*** **6**

Een onvoorspelbaar drama 6

**SAMENVATTING** **7**

**KARAKTERSTUDIE** **11**

Cécile 11

Raymond 11

Anne 12

Cyril 12

Elsa Mackenbourg 12

**ANALYSE** **14**

Een psychologische roman 14

Een roman getint met existentialisme 18

De ontvangst van het werk 20

**VERDERE ANALYSE** **23**

Enkele vragen om over na te denken... 23

**VERDER LEZEN** **24**

Referentie-uitgave 24

# FRANÇOISE SAGAN

## FRANSE SCHRIJVER

- **Geboren in Lot (Frankrijk) in 1935**
- **Overleden in Honfleur in 2004**
- **Opmerkelijke werken:**
  - *Bonjour Tristesse* (1954), roman
  - *Il fait beau nuit et jour* (1979), toneelstuk
  - *La Maison de Raquel Vega* (1985), korte verhalen.

Françoise Sagan, echte naam Françoise Quoirez, werd in 1935 in het zuidwesten van Frankrijk geboren in een gezin uit de hogere middenklasse. Ze werd beroemd in de literaire wereld met haar eerste roman, *Bonjour Tristesse* (1954), die ze op 18-jarige leeftijd schreef. Daarna publiceerde ze *Aimez-vous Brahms* (1959), *Wonderful Clouds* (1961), *The Still Storm* (1983) en vele andere romans, evenals een tiental toneelstukken en een fictieve briefwisseling met de actrice Sarah Bernhardt, die haar voortdurend succes brachten. Met haar passie voor motorsport en haar soms losbandige levensstijl, was Sagan veelbesproken en kwam ze symbool te staan voor een onafhankelijk en zorgeloos leven. Ze overleed in Honfleur in 2004.

# BONJOUR TRISTESSE

## EEN ONVOORSPELBAAR DRAMA

- **Genre:** roman
- **Referentie-uitgave:** Sagan, F. (2013) *Bonjour Tristesse*. Trans. Lloyd, H. Londen: Penguin.
- **Eerste uitgave:** 1954
- **Thema's:** seksualiteit, oedipuscomplex, liefde, jaloezie, zelfmoord, manipulatie

*Bonjour Tristesse*, gepubliceerd in 1954, ontleent zijn titel aan een regel uit een gedicht van Paul Éluard. Het is een terugblik van Cécile, de jonge vertelster, op de zomer die zij het jaar daarvoor aan de Côte d'Azur heeft doorgebracht. Haar vakantie begint aangenaam met haar vader, die weduwe is, en zijn jonge minnares. Ze leiden het vrolijke en zorgeloze leven dat ze gewend zijn, wanneer Anne, een intelligente vrouw, opduikt. Langzaam ontwikkelt zich een drama, voortkomend uit de spanningen tussen de personages, waardoor Cécile voor een wreed dilemma komt te staan.

# SAMENVATTING

Cécile is een zeventienjarig meisje dat drie jaar geleden het internaat verliet en bij haar vader Raymond woont. Ze leiden een tamelijk oppervlakkig en uitbundig leven, vol affaires en uitstapjes. Raymond neemt vaak zijn talrijke minnaars mee naar huis voor een kort verblijf.

Tijdens de zomervakantie gaat Cécile met haar vader en zijn huidige minnares, de jonge Elsa Mackenbourg, naar een villa aan de Middellandse Zee. Anne Larsen, een oude vriendin van haar overleden moeder, voegt zich later bij hen. Het jonge meisje, dat haar aanvankelijk bewondert, legt uit: "zij bracht haar tijd door met mensen die scherp, intelligent en discreet waren, terwijl de mensen met wie wij tijd doorbrachten luidruchtig en onverzadigbaar waren". Anne wordt al snel verliefd op Raymond en probeert met alle mogelijke middelen zijn genegenheid te winnen en Elsa te verdrijven. Ze besluit ook Cécile les te geven en haar te laten werken, omdat het jonge meisje in juni gezakt is voor haar examens. Dit bevalt Cécile helemaal niet.

Op het strand vergelijkt Cécile het perfecte figuur van Anne met dat van Elsa, die jonger is en bovendien niet bruin kan worden. Gaandeweg meent zij te merken dat haar vader toenadering zoekt tot Anne door bijvoorbeeld Elsa's domheid te bekritiseren.

Cécile van haar kant ontmoet hun jonge buurman Cyril, een rechtenstudent, die ze aantrekkelijk vindt, hoewel ze altijd de voorkeur heeft gegeven aan oudere mannen. Ze deelt al snel haar eerste kus met Cyril, die ze betreurt omdat ze liever vrienden was gebleven. Toch vindt ze dat hij goed opgevoed en beschermend is, en dat ze "graag van hem zou willen houden".

Als ze op een avond met z'n allen naar het casino in Cannes gaan, is Anne daar de mooiste en elegantste vrouw, en Raymond geeft haar complimenten. Hij sluit zich bij haar af. Cécile vindt dit gedrag respectloos tegenover Elsa, en is er onbeleefd over. Anne geeft haar een klap. Elsa, die alles doorheeft, vertelt het jonge meisje dat ze de villa verlaat en dat ze de gelukkige tijd die ze met hen doorbracht zal missen.

De volgende dag vertellen Raymond en Anne Cécile dat ze binnenkort gaan trouwen, waar ze heel blij mee is: ze voorziet eindelijk een evenwichtig leven voor haar en haar vader. Wanneer de drie plannen maken voor een goed geordend leven samen, vraagt Cécile zich af: "Hebben we er ooit in geloofd?" Ze is echter verbaasd dat haar vader zijn bohemienleven zo gemakkelijk achter zich kan laten.

Helaas verandert de situatie snel. Anne betrapt Cécile en Cyril bij het zoenen en verbiedt het jonge stel elkaar nog langer te zien. Cécile is wanhopig en hoopt dat haar vader haar zal helpen, maar hij kiest de kant van Anne. Hoewel het jonge meisje beseft dat Anne goed zou zijn voor haar en haar vader, weigert ze hen aan haar lot over te laten. Ze ziet Anne nu als koud en autoritair. Ze ontwikkelt vervolgens een strategie die erop gericht is haar van haar vader te distantiëren. Ze besluit ook het verbod van Anne om Cyril te zien te negeren en wordt vrolijk zijn geliefde.

Allereerst verandert Cécile haar manier van leven, van uitbundigheid naar introspectie. Ze wordt slanker en werkt niet meer. Anne vindt dat ze zichzelf verandert in iemand die "droevig en cerebraal" is, wat niet in haar aard ligt. Zij en Raymond besteden extra aandacht aan het jonge meisje, in het besef dat haar wanhoop haar ertoe brengt zich zo te gedragen. Maar al snel heeft Anne weer kritiek op haar schoolprestaties, wat Cécile helemaal niet leuk vindt.

Vervolgens probeert Raymond toenadering te zoeken tot zijn dochter, die hem vertelt dat ze uiteindelijk Anne zal accepteren. Hij wordt uit zijn evenwicht gebracht en vraagt dat ze voor dit alles geen afstand doet van het vorige leven dat ze deelden en dat hij een beetje lijkt te missen.

Enige tijd later komt Elsa, die nu gebruind en in topvorm is, terug voor haar koffers. Hoewel ze zich schaamt voor haar machiavellisme, besluit Cécile haar over te halen haar vader terug te winnen door haar over te halen te doen alsof ze verliefd is op Cyril. Wanneer Raymond Cyril en Elsa samen ziet, reageert hij nogal heftig. Cécile ziet dat haar plan werkt en besluit te regelen dat Elsa haar vader toevallig ontmoet tijdens een diner. Als hij haar ziet, is hij in de ban van haar schoonheid. Raymond's vrienden denken dat ze verliefd is op Cyril, die bij haar is, waar hij bijzonder boos over is. Maar als ze weer thuis zijn vertelt hij Anne dat hij van haar houdt.

De vertelster verwijst naar haar vader, die zij materialistisch en een dilettant vindt, maar ook goed en begripvol. Hij is een zwerver, zegt ze, en hij zou zich zeker troosten als Anne wegging, hoewel hij haar wel degelijk bewondert en ongetwijfeld oprecht van haar houdt. Maar zij wil haar vader terug. Ze laat de situatie tussen hen langzaam etteren, terwijl het genoeg zou zijn om Anne weg te houden terwijl haar vader een korte omhelzing deelt met Elsa. Als Anne achter deze flirt zou komen, zou ze begrijpen dat ook zij voor Raymond slechts een voorbijgaande affaire was en zou ze het zeker met hem uitmaken.

Dit is precies wat er gebeurt: Raymond en Elsa ontmoeten elkaar eindelijk in het dorp. Cécile voelt zich overweldigd door wat ze in gang heeft gezet. Ze is ontzet door de reactie van Anne, die het stel heeft betrapt en radeloos het huis uit is gereden. "Toen zag ik ineens dat ik een levend wezen had aangevallen, een wezen met gevoelens en geen abstractie", verklaart Cécile. Later besluiten vader en dochter Anne over te halen terug te komen door haar hun excuses aan te bieden. Ze vernemen echter dat ze zojuist zelfmoord heeft gepleegd in de auto. Deze zelfmoord, die er als een ongeluk uitziet, lijkt voor Cécile het laatste geschenk dat Anne hen heeft gegeven, zodat zij zich niet schuldig hoeft te voelen. Nu lijken Elsa en Cyril oppervlakkig voor haar.

Na de begrafenis van Anne in Parijs keren vader en dochter terug naar hun oude leven. Cécile begint een nieuwe relatie en Raymond heeft een nieuwe minnares. Toch ervaart de verteller, terugdenkend aan de vorige zomer, een nieuw gevoel: "met gesloten ogen begroet ik het bij zijn naam, verdriet: Bonjour tristesse". Zo eindigt het verslag van deze beslissende episode in haar leven.

# KARAKTERSTUDIE

## CÉCILE

Cécile heeft drie jaar eerder de kostschool verlaten en is een wild uitziend zeventienjarig meisje dat weinig om haar studie geeft. Ze leidt een relatief losbandig leven in Parijs met haar vader, wat haar goed lijkt te bevallen. Maar de komst van Anne brengt haar overtuigingen aan het wankelen en dwingt haar een standpunt in te nemen ten opzichte van haar vader, die ze aanbidt, haar jonge minnaar Cyril, op wie ze niet weet of ze verliefd is of niet, en Anne, wiens wijsheid haar tegelijkertijd aantrekt en afstoot. Als ze de adolescentie verlaat, komt ze voor een moeilijke keuze te staan: doorgaan met haar aangename maar ietwat oppervlakkige leven of een constructiever volwassen leven beginnen. Dit dilemma drijft haar tot een wreed spel waar ze niet ongeschonden uit zal komen.

## RAYMOND

Net als zijn dochter aanbidt Raymond het plezier. Cécile zegt: "Ik heb nog nooit zoveel van iemand gehouden als van hem en van alle gevoelens die ik in die periode had, waren die voor hem de meest stabiele, de diepste en de gevoelens waar ik het meeste waarde aan hechtte". Als aantrekkelijke man van in de veertig heeft hij sinds hij weduwnaar is een reeks veroveringen gemaakt en hoewel hij hopeloos frivool is, is hij volledig gespeend van cynisme. Hij wordt ook aangetrokken door het stabiele leven dat Anne hem biedt en gaat zelfs zover dat hij haar ten huwelijk vraagt. Maar al snel vervalt hij in zijn oude gedrag en uiteindelijk is zijn dochter zijn enige emotionele houvast.

## ANNE

Anne is even oud als Raymond en werkt in de mode. Ze is een elegante vrouw, en de verteller benadrukt haar "ironie, moeiteloosheid of autoriteit", die haar niet beletten zeer gevoelig te zijn. In de overtuiging dat ze Cécile en Raymond gelukkig zou kunnen maken, doet ze er alles aan om zich aan hen te hechten. Uiteindelijk wordt ze echter het slachtoffer van het machiavellistische plan van het jonge meisje, dat ze had geprobeerd te onderwijzen.

## CYRIL

Cyril is een donkerharige jongeman die "lang is en soms knap kan lijken, met een soort knapheid die vertrouwen wekt". De verteller voelt zich onmiddellijk aangetrokken tot zijn evenwichtige en beschermende karakter. Hij is een rechtenstudent die in Parijs woont en zijn vakantie met zijn moeder doorbrengt in een villa vlakbij die van Cécile. In zekere zin is hij de dubbelganger van Anne in het verhaal. Net als zij is hij verstandig en niet bang voor een langdurige verbintenis, want hij vraagt Cécile ten huwelijk. Zij gebruikt hem echter alleen maar om haar plan uit te voeren.

## ELSA MACKENBOURG

Zij is "een lang, roodharig meisje, een mengeling van speelkameraad en geraffineerde [...] heel lief, nogal vaag en heel pretentieloos". Ze werkt als figurant voor filmstudio's en Raymond wijst Anne op haar domheid en oppervlakkigheid. Ze is verliefd op Raymond, die haar slechts ziet als een tijdelijke minnares en hem het liefst verlaat als ze weet dat hij ontrouw is geweest. Ze neemt echter enthousiast deel aan de projecten van Cécile die haar in staat stellen haar minnaar terug te winnen.

# ANALYSE

## EEN PSYCHOLOGISCHE ROMAN

Het genre van de psychologische roman verscheen voor het eerst in de 17$^{th}$ eeuw met *De prinses van Cleves* (1678) van Madame de Lafayette (Franse auteur, 1634-1693), die de wendingen van de passie van de heldin voor de hertog van Nemours, haar twijfels en haar wroeging tot onderwerp heeft. Dit type roman, gebaseerd op psychologische analyse, beleefde een heropleving in de 19$^{th}$ eeuw met romanschrijvers als Henry James (Engelse schrijver, 1843-1916), Virginia Woolf (Britse schrijfster, 1882-1941) en Colette (Franse schrijfster, 1873-1954), die probeerden zo dicht mogelijk bij het innerlijke leven van hun personages te komen, soms ten koste van de plot.

De psychologische roman heeft met name de volgende kenmerken:

- In de meeste gevallen wordt gebruik gemaakt van een intern perspectief en wordt getracht de geheimen van het individuele gedrag te doorgronden door de handelingen, gebaren, woorden, stiltes, gevoelens en emoties van de personages, individueel of in hun relaties met anderen, zo nauwkeurig mogelijk te omschrijven;

- Het beschrijft minutieus de psychologische evolutie van de personages in de loop van het verhaal: hun gemoedstoestanden ondergaan schommelingen en transformaties,

en het is deze psychologische beweging die de roman-
schrijver beschouwt;

- Ten slotte heeft de keuze van de auteur om voorrang te
geven aan het innerlijke leven van zijn personages noodzakelijkerwijs gevolgen voor de ruimtelijke en temporele
setting van het verhaal, die in zekere zin de gemoedstoestand van de personages weerspiegelt.

*Bonjour Tristesse* (waarvan de titel ook een psychologische
toestand oproept, namelijk droefheid) lijkt in veel opzichten
op deze categorie romans.

## De psychologische constructie

De lezer wordt zich bewust van de actie en de problemen die
op het spel staan via het "ik" van de verteller en de nauwkeu-
rige observaties die zij doet over zichzelf en de mensen om
haar heen. Het netwerk van personages ontstaat vanuit het
brandpunt van het "ik": talrijke interne monologen waarin de
vertelster haar gemoedstoestand, haar aarzelingen en haar
wroeging ontleedt, spelen een rol in de opbouw van andere
personages die, in haar geest gereflecteerd, geleidelijk voor
de ogen van de lezer verschijnen en zich ontwikkelen afhan-
kelijk van de emoties van Cécile. Zo wordt het personage Elsa
door Cécile aanvankelijk voorgesteld als een tamelijk dwaze
en oppervlakkige vrouw, maar door de opeenvolgende fasen
van reflectie van de verteller wordt zij een gevoeliger persoon
dan zij aanvankelijk leek.

Zo wordt de zelfanalyse vermengd met het nauwgezette
onderzoek van anderen. Psychologische stereotypen (de
opstandige tiener, de rokkenjager van middelbare leeftijd, de

sterke vrouw, de onfatsoenlijke vrouw) die genuanceerder zijn dan ze op het eerste gezicht lijken, worden geplaatst op basis van een plot dat over het geheel genomen tamelijk triviaal is: een jaloerse dochter wil een vader die van haar wegloopt voor zichzelf houden. Het personage van Anne, dat Cécile vanwege haar complexiteit pas na enige tijd begrijpt, illustreert bijzonder goed het psychologische werk dat de tiener heeft verricht om de werkelijke gevoelens van deze vrouw te doorgronden. Ook haar eigen reacties choqueren en verontrusten haar vaak: wil ze doorgaan met haar oude leven of zich vestigen? Haat ze Anne, of heeft ze wroeging over haar gedrag? Wat stelt Cyril precies voor haar voor?

## Psychologie en actie

Het verhaal krijgt de vorm van een labyrint waarin de lezer Cécile volgt in de wendingen van haar verwarde en verontruste gedachten. Bovendien komt de dynamiek van het verhaal meer voort uit deze gedachten dan uit ontwikkelingen in de actie, die slechts psychologische doelen dient. In Sagans roman is het niet de handeling die psychologische reacties veroorzaakt, maar omgekeerd: de psychologie van de personages, en in het bijzonder van de verteller, zet de gebeurtenissen in gang. De roman opent inderdaad met de bespiegelingen van de verteller, die beweert dat haar temperament geneigd is tot spijt, verveling en lichtzinnigheid. Haar innerlijke malaise, haar oedipale liefde voor haar vader, haar fundamentele onvermogen om keuzes te maken en haar geraffineerde kennis van de psyche van haar vader sturen de daaropvolgende gebeurtenissen.

Het verhaal speelt zich af in juli, in de buurt van een strand aan de Middellandse Zee. Al heel vroeg in het verhaal benadrukt de vertelster het belang van de elementen: het constante schommelen van de zee, maar ook de brandende zon en haar zinderende hitte, die haar soms verdoven en haar het denken beletten, maar op andere momenten haar gedachten stimuleren. De vertelster legt vaak een verband tussen haar psychische toestand en de omgeving: "We hadden zon en zee, gelach en liefde. Zouden we die ooit weer zo beleven als die zomer, met alle levendigheid en intensiteit die angst en wroeging eraan verlenen?"

De zon wordt zelfs een essentiële deelnemer aan sommige scènes. Wanneer Cécile de omhelzingen van Cyril aanvaardt, is dat meer omdat ze te lui is om zich tegen de hitte en het verblindende licht te verzetten dan omdat ze hem echt begeert. In sommige opzichten doet dit gedrag denken aan Meursault in *De vreemdeling* (1942) van Camus (Franse schrijver, 1913-1960), die een moord pleegt wanneer hij op een strand in Algerije wordt verblind door de zon. Bovendien is het opnieuw de zon die het verschil tussen Anne en Elsa aan het begin van de roman op wrede wijze markeert: Anne's huid past zich moeiteloos aan haar brandende stralen aan, terwijl die van Elsa vervelt. Elsa verschijnt pas weer als ze aan de zon gewend is, om in de ogen van Raymond mooier te worden en hem opnieuw te verleiden.

Evenzo vinden de meeste van de beslissende uitwisselingen tussen de drie hoofdpersonen buiten plaats, op het terras van de villa, alsof ze op het toneel staan van een theater in het oude Griekenland. We kunnen dus een vergelijking maken tussen de afloop van de roman en Griekse tragedies, aangezien beide eindigen met de dood van een personage. Het is ook vermeldenswaard dat de enige twee sociale bijeenkomsten in het verhaal (de nacht in het casino en het diner in het restaurant) 's nachts plaatsvinden, alsof alleen het grote drama zich in het verblindende licht van de zon moet afspelen.

De vergelijking met de tragedies uit de Oudheid kan ook worden toegepast op de temporaliteit van het verhaal. Natuurlijk is de tijd van schrijven en overdenken (aangegeven door de tegenwoordige tijd) gespreid over een relatief lange periode van enkele maanden (aangezien de verteller in het eerste hoofdstuk van de roman verwijst naar "de zomer in kwestie"). Maar net zoals de gebeurtenissen in een beperkt gebied plaatsvinden, is ook de tijd die ze beslaan vrij kort: er verstrijken slechts enkele weken tussen de aankomst van Cécile, Raymond en Elsa in de Midi en hun terugkeer naar Parijs. Het tempo lijkt uit de hand te lopen in de laatste bladzijden, waar Cécile, ingehaald door het drama dat ze heeft veroorzaakt, abrupt haar vermogen tot nadenken en manipuleren verliest en niet in staat is Anne te vangen, die plotseling sterft bij een auto-ongeluk. Dit effect van de plotselinge en onverwachte versnelling van de actie brengt de roman nog dichter bij de tragedies uit de Oudheid, die doorgaans abrupt eindigen.

## EEN ROMAN GETINT MET EXISTENTIALISME

Hoewel *Bonjour Tristesse* niet kan worden beschouwd als een rechtstreekse toepassing van de theorieën van de existentialistische beweging, geleid door de filosoof Jean-Paul Sartre

(Frans filosoof en schrijver, 1905-1980), moet Sagan, die gefascineerd was door Sartres roman *Nausea* (1938), noodzakelijkerwijs bekend zijn geweest met de ideeën van de filosoof, die een belangrijke intellectuele figuur was in de jaren vijftig. Bovendien heeft zij hem meermaals ontmoet, en er zij op gewezen dat sommige aspecten van haar romans, met name *Bonjour Tristesse*, verband houden met de grote thema's van het existentialisme:

- In 1943 publiceerde Sartre *Being and Nothingness*, waarin hij de existentiële eenzaamheid van de mens bevestigt, die aan zichzelf is overgelaten zonder enige hulp van buitenaf (zoals bijvoorbeeld de toevlucht tot religie), wiens leven wordt gekenmerkt door contingentie en een gebrek aan betekenis. Deze eenzaamheid verschijnt ook in *Bonjour Tristesse*. Cécile, aan haar lot overgelaten, apathisch en ledig, verbergt de leegte van haar leven door een frivool en wild bestaan te leiden met haar vader of door weg te zinken in een quasi-depressieve toestand: "Op het strand deed ik niets anders dan slapen en tijdens de maaltijden hield ik, in weerwil van mezelf, een ongemakkelijke stilte in stand". Het enige wat haar verankert is haar lichaam, dat in de roman wordt gevierd en uitvergroot en waarin seksualiteit een belangrijke plaats inneemt.

- Volgens Sartre is de mens volledig vrij om aan zijn leven te geven wat hij wil – zijn lot ligt in zijn eigen handen – en is hij bijgevolg verantwoordelijk voor zijn keuzes. De jonge verteller geeft een goede illustratie van deze volledige vrijheid, die verstandig gebruikt moet worden. Cécile probeert dit fundamentele vermogen inderdaad uit te oefenen, maar haar keuzes zijn vaak tegenstrijdig en veranderlijk: ze weet niet of ze wil toegeven aan de levensvisie van Anne of haar losbandige leven met haar vader wil voortzetten, of zelfs met Cyril wil trouwen. Volledig aan haar lot overgelaten, is de tiener, geconfronteerd met de opwindende en angstaanjagende mogelijkheden die voor haar liggen, niet in staat haar keuzes te beheersen. Ze beseft te laat welke tragische gevolgen deze keuzes kunnen hebben wanneer Anne aan het eind van de roman plotseling overlijdt, wat haar terugbrengt tot de leegte van haar eigen bestaan en de absurditeit van haar leven.

## DE ONTVANGST VAN HET WERK

Vanaf de publicatie werd *Bonjour Tristesse* een cultroman en het embleem van de hele naoorlogse generatie, hoewel het ook kritiek kreeg vanwege bepaalde aspecten die als schandalig werden beschouwd. Ook nu nog is de roman een van de bestsellers van Frankrijk en heeft hij de auteur rijkdom en roem gebracht. Kort na dit succes vergeleek Sagan de roem die deze korte roman haar op 18-jarige leeftijd had gebracht met een explosie.

De reden waarom *Bonjour Tristesse, dat* in 1954 werd gepubliceerd, zo enthousiast is, is dat het werk bepaalde aspecten van de toenmalige samenleving weerspiegelt die tot dan toe niet rechtstreeks in de literatuur aan de orde waren gesteld:

- De vrouwenemancipatie begon op te komen, maar werd niet per se positief beoordeeld. Sagan schetst een onafhankelijke vrouw die op haar gemak is met zichzelf (Anne), en een onfatsoenlijke jonge vrouw die er niet voor terugdeinst om van de ene man naar de andere te springen (Elsa). Het hoofdpersonage van Cécile is in zekere zin het zelfportret van de auteur, als een vrije jonge vrouw die vaak besproken is vanwege haar uitspattingen van allerlei aard en die pronkt met haar voorliefde voor geld en plezier, wat haar de bijnaam "charmant monstertje" heeft opgeleverd. Op deze manier belicht de 18-jarige auteur in haar eerste roman de grote verandering die in de jaren vijftig plaatsvindt in het middenklasse milieu waaruit zij afkomstig is.

• Het thema seksualiteit (met name vrouwelijke seksualiteit), dat centraal staat in de roman, draagt zowel bij tot het succes ervan als tot het schandalige aspect waarvoor sommige lezers het werk bekritiseerden. De vertelster verwijst namelijk zonder eufemisme naar het plezier dat zij met Cyril beleeft, beschrijft in detail de uitdrukking van Anne wanneer zij uit het bed van Raymond stapt en aarzelt niet om de moeder van Cyril, die altijd van het geld van haar man heeft geleefd, een "hoer" te noemen. Ook Cécile oordeelt niet negatief over het zeer vrije seksleven van Raymond en Elsa. Ten slotte geeft de auteur niet alleen taferelen weer die voor de weldenkende mens van die tijd schokkend zouden zijn, maar benoemt zij deze situaties ook in precieze en soms grove bewoordingen.

*Bonjour Tristesse* verwoordt dus het verlangen van de naoorlogse generatie om te leven, en helpt deze generatie zich te identificeren met – en sommige critici te steunen – de helden en situaties van de roman.

Sagan is ook bekritiseerd vanwege de helderheid van de verteller over de situatie met haar vader, die met zijn minnares pronkt en vervolgens een vriendin van zijn overleden vrouw in huis neemt, en vanwege haar keuze om de tragische uitkomsten van deze situatie vrij van enige pathos te houden.

Daarmee wijkt zij af van de traditionele benadering van de roman, volgens welke de gebeurtenissen gedramatiseerd moeten worden.

Haar keuze voor een psychologische analyse, die het personage van Cécile in zekere zin in tweeën deelt, waardoor zij tegelijkertijd deelneemster en rechter van de situatie wordt, het machiavellistische plan dat zij in gang zet, en het recht dat de auteur haar personage geeft om te aarzelen en te twijfelen, allemaal zonder blijk te geven van een duidelijk omschreven morele code, heeft ook bijgedragen tot de zeer gevarieerde ontvangst van de roman.

# VERDERE ANALYSE

## ENKELE VRAGEN OM OVER NA TE DENKEN...

- Drie vrouwen staan centraal in *Bonjour Tristesse*. Beschrijf elk van hen en zeg in welke opzichten ze vergelijkbaar of verschillend zijn.

- Leg uit wat er specifiek is aan de spatiotemporele setting van de roman. Met welk ander genre kan het verhaal in verband worden gebracht?

- Waarom kan Sagan's tekst volgens u worden omschreven als een psychologische roman?

- Wat zijn de verschillen tussen de twee mannelijke personages, Raymond en Cyril? Wat is de relatie tussen hen en hoe komen ze over op de vrouwelijke personages?

- Kan de houding van Cécile omschreven worden als machiavellistisch? Rechtvaardig je standpunt.

- Waarom zou Sagan's roman volgens u in de context van de jaren vijftig als immoreel kunnen worden beschouwd?

- Als deze roman vandaag zou worden gepubliceerd, denk je dat hij net zo schokkend zou zijn? Presenteer je argumenten.

- In welk opzicht vormt *Bonjour Tristesse* een breuk met het traditionele genre van de roman (kader, actie, personages, enz.)?

# VERDER LEZEN

## REFERENTIE-UITGAVE

Sagan, F. (2013) *Bonjour Tristesse*. Trans. Lloyd, H. Londen: Penguin.

*We horen graag van jou! Laat
een reactie achter op jouw online bibliotheek
en deel je favoriete boeken op social media!*

De uitgever garandeert de betrouwbaarheid van de gepubliceerde informatie, die echter niet onder zijn verantwoordelijkheid valt.

www.50minutes.com

Master ISBN: 9782808687423
Papier ISBN: 9782808698825
Wettelijk depot: D/2023/12603/1162

Omslag: © Primento

Digitaal ontwerp: Primento, de digitale partner van uitgevers.